CET OUVRAGE, PARU ICI DANS SA
FORME DÉFINITIVE, A ÉTÉ TIRÉ
A 20 EXEMPLAIRES SUR HOLLANDE,
NUMÉROTÉS DE 1 A 20, ET A 480
EXEMPLAIRES SUR VÉLIN LAFUMA,
NUMÉROTÉS DE 21 A 500 — PAR LES
SOINS DES MAITRES-IMPRIMEURS
DUCROS ET COLAS, A PARIS, QUI
ONT ACHEVÉ DE L'IMPRIMER LE
27 DU MOIS DE MARS 1928.

No H.C.

LE CARQUOIS

" Lasciva est nobis pagina, vita proba est."

MART. L. I. 5.

FERNAND FLEURET

LE CARQUOIS

DU SIEUR

LOUVIGNÉ DU DEZERT

ROÜENNOIS

*d'après les fragments d'un Manuscrit
inédit, et précédé d'une
vie de l'Auteur
par son
Fils.*

CHEZ M.-P. TRÉMOIS, ÉDITEUR
A PARIS, 43, AVENUE RAPP
1928

NOTICE

DE

LOUVIGNÉ FILS

MON pere, qui escrivit ces ouvrages, se nommoit Annibal. Il nasquit à Roüen en 1574, d'une famille originaire des environs de Rennes, laquelle famille, sans estre noble, possedoit quelque bien. Mon grand-pere, César-Auguste, estoit inscript au barreau de Roüen. Il avoit espousé une Demoiselle de basse-Normandie, Magdelaine Le Catelier. En 1589, mon pere, qui estoit avec sa famille au Pollet où nous avions proprieté terrienne, desira s'attacher à M. de Chastillon, qui logeoit chez les nostres avec quelques gendarmes. Quoique l'on fist alors flesche de tous bois, M. de Chastillon se soucioit peu d'un blanc-bec qui sembloit n'agir que par coup de teste, qui n'avoit tenu espée de sa vie, et qui montoit comme un valet de ferme ; cependant, les supplications du jeune homme et le consentement de mon grand-pere parvinrent à le flechir. Mon pere obtint donc un equipage de fortune, et nostre maison fournit un cheval de labeur, si puissant et si large que son cavalier s'y tenoit comme assis. Quelques jours apres, M. de Mayenne attaquoit sans succes le Pollet et le Chasteau d'Arques, bien que la Fortune faillit abandonner les partisans du Roy à l'affaire de la Maladrerie. Le nouveau page se trouva au nombre des gens de Chastillon, qui, accourus du Pollet, jetterent les lansquenets de Mayenne dans les fossés et deciderent de la victoire. Mon pere racontoit souvent qu'ignorant l'art de porter une pointe, il tailloit de toutes ses forces à droite et à gauche, au risque de desarçonner, et qu'il ne deust qu'au desarroy de l'infanterie ligueuse et à la rapidité de l'action de n'avoir rencontré d'adversaire qui songeast à lui resister : autrement, c'en eust esté de luy.

Le Béarnois, fort de vingt mille hommes venus des divers points de la France, de quatre
mille Anglois debarqués le 29ᵉ septembre à
Dieppe, et de treize cents montagnards d'Es-
cosse equipés à l'antique, et menés par des mu-
settes, tomba, le 30ᵉ octobre, sur le faux-bourgs
de Paris.

En un mois, au sortir de ses enfances, mon
pere avoit assisté à toutes les horreurs qu'un
homme peut veoir; et les trois journées de
pillage accordées aux trouppes royales les
comblerent de toutes les félicités qu'un homme
peut desirer. On ne laissera pas de se rendre
compte de l'influence que put avoir, et dans
ces conditions, le mestier militaire sur un tem-
perament qui faisoit esperer d'estre fougueux.
C'est ainsi qu'apres la campagne, le jeune
homme, qui tenoit garnison à Paris, courut les
cabarets où s'enivroient les Satyriques de
marque; la frequentation de ces messieurs,
dont la plupart ont encore quelque vogue, l'in-
cita à s'essayer au mestier poëtique, et M. Mot-
tin, qui le prit en affection, voulut bien le
conseiller. Mon pere parloit souvent de M. Re-
nier (sic), avec qui il eust maintes fois l'occa-
sion de festoyer, lequel, d'ailleurs, il imita
dans une satyre assez heureuse. Au demeu-

rant, quelques auteurs à qui j'eus l'advantage de montrer les presents escrits, ont tous deploré ces frequentations où la pureté du langage et l'elévation de l'esprit n'estoient guere de mode. Cela devoit avoir pour consequence que mon pere ne put jamais s'accoustumer par la suite au parler relevé de l'escole de M. de Malherbe ; et le jargon populaire, les tournures antiques ont deparé jusques aux productions de sa vieillesse. Ce ton démodé feroit que les AMOURS et le CARQUOIS, s'ils devoient estre imprimés, n'interesseroient que les curieux, et peut-estre aussi les jeunes gens, qui ayment les gaillardises et le blasphesme.

Capitaine en 1617, et desja couvert de blessures, mon pere prit part aux expeditions sous le gouvernement de M. de Luynes ; et, en 1620, après la drôlerie des Ponts-de-Cé, profita d'une convalescence pour espouser, à Roüen, une Demoiselle Marie Dupuis, fille d'un Advocat à la Cour. C'estoit une liaison assez ancienne, puisque mon pere lui avoit dédié les AMOURS, où elle portoit le nom de Corine, lequel nom il lui donnoit encore dans l'intimité, et qu'il se laissoit aller à dire devant nous.

Ce mariage, desja consacré par les *Muses* et l'*Amour*, pour parler selon les *Poëtes*, n'estoit point presidé par Plutus. Mon pere avoit dissipé les biens qui lui estoient revenus, à l'exception, toutesfois, de la maigre terre du Pollet, qui ne tentoit personne. C'est là qu'il devoit se retirer quelques années plus tard, vers l'age de cinquante-cinq ans, amputé de la jambe droite et privé de Pension. Il s'en plaignoit amerement, mais sans faire rien d'utile pour l'obtenir, couvrant le *Roy* et les *Chefs* de sarcasmes, et affectant dans son païs une impieté agressive et tres-imprudente.

C'estoit pourtant un homme fort doux et de commerce agreable, mais doüé d'un esprit critique si prononcé qu'il ne pouvoit s'empescher de faire la satyre de tout le monde : avec cela si pointilleux sur le chapitre de l'amitié, que ce n'estoit point chose facile que de ne pas encourir sa rancune. Il eust fait bonne figure à la *Cour*, et eust acquis quelque renom dans les *Lettres*, s'il avoit su se plier et soigner sa reputation. Mais il manquoit d'ambition, estoit tout d'une piece, avoit le mot trop prompt et le visage souvent fermé. Ce dernier defaut n'estoit ni de la froideur, ni de la paresse d'esprit, car il montroit de l'attachement, possedoit une *grande lucidité et une perception rapide : cela provenoit d'une melancolie incurable, qui, le suivant en tous lieux, l'accabloit de mauvaise humeur et de lassitude. Il aimoit les femmes et leur plaisoit quand il abandonnoit cet air renfrogné qui passoit pour de la hauteur et n'estoit que de l'ennuy. Quoiqu'il eust eu de longues et nombreuses liaisons, qu'il parlast souvent du Sexe et que le Sexe le traitast plutost bien, il paraissoit n'avoir jamais eprouvé de violent amour. Il disoit n'aymer les femmes que dans leur lit, et ajoutoit tout crûment que leur véritable place estoit au B... On ne laissoit pas d'estre estonné de ce melange d'affeterie et de brutalité que je n'ay gueres rencontré qu'en luy. Il montra tousjours beaucoup d'affection et de respect pour sa femme, bien qu'il y ait dans les AMOURS plus d'esprit que de passion. En fin de compte, c'estoit un vray poëte, toujours inquiet et subjet à des resveries, incapable de gerer ses affaires, souffrant d'on ne sçavoit quoy, allant aux extresmes, et faisant aussi peu de cas des emplois et gens en place que les Grands en font de la Poësie. Il y a cependant de l'exagération dans son manteau de philosophe anticque, car il estoit pauvre avec deux mille livres que lui rappor-*

toient la ferme du Pollet et le bien de sa femme. C'est peu (et encore n'a-t-il laissé que des debtes), mais enfin, avec deux mille livres, l'on racommonde son manteau. Il mourut en 1650, d'une blessure qui s'estoit rouverte et où se mit la gangrene, car on estoit en esté. Avant de passer, il fist promettre au Prestre que l'on regalleroit les porteurs et qu'il leur seroit donné à chascun un escu pour continuer la feste jusques au lendemain; toutes fois, à l'exception de l'escu, il n'en fut rien fait par respect pour nostre mere et la Religion Chrestienne.

J'ay permis à mes deux freres de prendre copie de ces manuscrits, et desire que l'original, sur lequel j'escris ceste notice, devienne, apres moy, la proprieté de mon petit-fils Renoult. J'espere que l'on ne se trompera pas sur la valleur de ces ouvrages au point de les faire imprimer. Ils ont tellement vieilli qu'ils susciteroient la derision, si certains Poëmes gaillards et anti-religieux ne risquoient de faire encourir des chastimens severes à ceux qui se chargeroient de les rendre publics.

Il est d'ailleurs fort heureux que mon pere

n'ait pu le faire de son vivant : l'exemple de l'infortuné Claude le Petit l'en a sans doute retenu.

« Toutefois n'allez pas, goguenard dangereux,
Faire Dieu le sujet d'un badinage affreux :
A la fin tous ces jeux que l'athéïsme eleve
Conduisent tristement le plaisant à la Greve. »

Ces vers sont de M. Despreaux, qui est un esprit prudent et fort judicieux. Quant à la comedie du MÉCONTENT, *pour en revenir à mon pere, l'on a fait beaucoup mieux depuis.*

J'ay pris la peine de donner ces quelques explications autant par pieté filiale que pour signaler ces recueils à mes descendants ; je leur commande donc de respecter ce souvenir, quelles que soyent leurs opinions en matiere de RELIGION, *de* BELLES-LETTRES *ou de* MO-RALE. *Il est facile de ne point lire des ouvrages sur lesquels on est prévenu ; et la destruction d'un escrit a tousjours esté le fait de l'igno-rance ou de la bassesse.*

Que ceux qui liront cecy pardonnent au fils d'un Poëte d'escrire de travers. Les quelques dons que je tiens de MERCURE *ne sont pas ceux de l'*ELOQUENCE, *desquels mes parents nagueres*

furent comblés; et je ne suis pas assez seur
de moi pour finir par une belle sentence
latine, comme on en grave sur les monu-
ments de ce tems, dans le dessein
d'en imposer au vulgaire.

LOUVIGNÉ ainsné,
Roüen 1676.

SONNET

AU

LECTEUR

VOIR servy le Roy
    dès qu'on fut jouvenceau,
Et se veoir par son Fils
    morguer en domesticque,
Estre plus tailladé qu'un billot de boutique,
Et n'obtenir pour prix qu'un coup sur le muzeau ;

Avoir, comme un Tristan, la flame poëtique,
Et ne rendre autre esclat qu'un feu soubs le boisseau ;
Estre amoureux de gloire, et mourir en mezeau,
Roulé dans un manteau de Philosophe anticque ;

Avoir chanté Philis, qui n'estoit que Catin,
N'avoir que recipés en guyse de butin,
Et, soldat valureux, qu'une jambe de fresne :

LECTEUR, tel est mon lot, ouy, tels sont les profits
D'un qui fut à la fois POETE et CAPITAINE,
— Ha ! ha ! foutre des Dieux, et foutre de LOUYS !

SATYRE

AMON, je n'en puis plus !
    Damon, le cœur me fault !
    Damon, le poil m'en dresse
        en barbe d'artichault !
Et, tel un bœuf ployant souz le fer qui l'immole,
Je sens que mes genoux se resolvent en colle ;
Puis, soubdain je m'agite et m'arreste soubdain,
Comme un poupart de bois que monstre un balladin !
    Ce n'est point qu'un amy me jalouse ou diffame,
Ny que l'on m'ait feru d'un poiçon d'épigramme,

Ny que la Chaude-Pisse, en mon Cas tout tordu,
Verse du feu Gregeoys avec du plomb fondu :
L'Epigramme, Damon, n'est qu'une bagatelle ;
Et si, foulon de Vire à la verde tonnelle,
Basselin recoltoit quelques bignes au front,
Il beuvoit du meilleur et n'en laissoit au fond.
De mesme, un bon soudart, quand Venus le maltraitte,
Dans un connin nouveau va panser sa braguette.

Heu ! Je me sens paslir ! Heu ! je vomirois bien !
Heu heu ! que le Cancer, le Mal Italien,
Devorent en trois jours le cu de ceste Vieille !...
Mais tu tiens mon secret par le bout de l'aureille ;
Ma honte le cachoit, mon ire le trahist :
Or, escoute, Damon, ce phantasque recit.
Je m'allois promenant dessus le Pont-au-Change,
En resvant d'un Sonnet, où la Seine et le Gange
J'eusse, au dernier tercet, avecq art opposez ;
La barbichè en desordre et les yeux renversez,
Rhytmant sur mes dix dois, apprentif inhabille,
Je treuvy ceste pointe et me creu Theophile :
L'un roule un or occulte en son lict fastueux,
L'autre, dessus un pont, l'estalle à tous les yeux...

« Ha ! que ces vers sont beaux ! que leur forme est parfaite !
D'ailleurs rien qu'à vous veoir, l'on devine un Poëte,
N'eussiez-vous, sans parler, tapoté sur vos dois !
Monsieur, je m'y cognois, mon pere, un Vendosmoys,
De celuy de Ronsard, jadis, fut pédagogue...

Mais de quoy parliez-vous ? »

       Damon, un Astrologue,
Un Fakyr, un Sorcier, un Belystre, un Quaymand,
Moins ridés sont encor', j'en fay le jurement,
Que le monstre en jupons, d'où sort ceste harangue !
Ains, mon orgueil flatté, je retreuve la langue,
Je voy dans ce vieux œil un esclat enchanteur,
Et, tirant mon chapeau : « Madame, serviteur !... »
De galimathias mon discours j'entortille,
Cuydant que de Ronsard je contemple une fille.
Damon, mesprise moi ! je louë sa beauté ;
Et, bientost, par l'orgueil et l'amour emporté,
Je baisotte son gant, qui semble un sac de quilles.

 « Fy ! le petit coquin ! le diseur de vetilles !
Allons, venez chez moy, je prise les Autheurs ;
Je respons d'un Libraire et vingt Littérateurs :
Ils vous protegeront, ou vous feront cognoistre,
Et le Laurier du Pinde attire le bien-estre... »

 Enchanté, je la suy, je dy mon petit nom,
L'on croyoit que c'estoit Attys ou Celadon...
Pour comble de soulas, j'ay la jambe bien faite,
Jusques à mes souliés, tout dit que je suis poëte :
Mais l'on rebouchera ces grands mastins de troux !...

 Bref, d'un Hostel chancy, vray perchoyr de hiboux
(De sa premiere dent maison contemporaine),
Elle crochette l'huys, qui s'entr'ouvre avecq' peine.
Tout l'Hostel en gemit, ainsi qu'un moribon

Que la cloche, avant l'heure, enterre en faux-bourdon.
Espinette rompeue où defaillent des touches,
Lamente l'escalier à fendre l'ame aux souches ;
De sa corde, le chanvre est si vieil et si gras,
Qu'il servist, pour le moins, à suspendre Judas !
En fin, telle une Larve en ceste ombre appostée,
Le Desgoust vient saisir ma gorge contractée.
Je veux fuyr, on m'entraisne, et, poussé par le dos,
Le chef rentré de peur comme les escargots,
Je pasme en un fauteuil, dans le fonds d'une chambre.
« Voyre, voyre, c'est mon ! Sommes-nous en decembre
Que vous tremblez ainsi ! Vous feray-je du feu ?
— Non, ces degrez sont durs, je m'essouffle de peu.
— J'ay de la teriacle et de l'Eau de mélisse.
Ardez ! ce cher enfant, faut qu'on vous le guarrisse !
Ha, tous ces grands talens font fy de la santé ! »
   Moy, je feinds des vapeurs d'homme debilité,
N'osant plus contempler ceste vetuste ymage.
Ce pendant l'on m'entonne un furieux breuvage,
Et j'oy dans mon gousset des escuz trebucher !
« Laissez faire, c'est mon ! n'allez point vous fascher !
Ce sont legers cadeaux pour vostre tirelire. »
(Je risque un petit œil et grimace un sourire.)
Dieux ! que la Vanité nous aveugle aysément,
Le plus hideux flatteur est un object charmant,
Et nous lui procurons le blanc dont il se farde !
Doncq, mon œil desillé disseque la gaillarde :

De ses faux cheveux blonds il sort un petit groin,
Comme celuy d'un rat d'une botte de foin ;
Sa paupiere est un pli cacheté par la cire,
Son nez, robin de bois, et sa bouche, un vampire
Avecq'une broussaille en sourcy de Forbant ;
Son crotesque menton, qui va se recourbant,
Nourrit une verruë en forme de groseille.
Bref, son corps desseiché, noueux comme une treille,
Brisé sur le genou ne suffiroit au feu
D'un Ladre de Bretaigne ou d'un Fesse-Mathieu.
La chambre est un ramas püant de vieilles hardes,
Que jonchent des flocons tels qu'en pignent les cardes.
En un plat se repaist, ainsi qu'un hérisson,
Une brosse à cheveux qu'accompaigne un chausson ;
Chaires et tabouretz, vieillis dans le service,
Ressemblent des boisteux dans un préault d'Hospice,
Et, du ciel d'une couche, où dorment chiens et chats,
Un perrocquet déteint laisse cheoir des crachats :
La creste herissée, il paroist un Cacique
Jurant de par le Diable en argot du Mexique.
« Venez-cy, Dariole, Amadys, Lancelot,
Et vous, Qualpopoca, mon joli papegault,
Et vous, Theremidas, Hylactor et Dorcée ! »
De ceste autre Gournay, au Vice fiancée,
Je flatte les amans qui fleurent le renart.
Ores que l'un je prens et dorlotte en mignard,
Sa maîtresse, sur moy, l'agace et le chatoüille.

Soubdain, sa main s'esgare et m'empongne une coüille.
« Anda ! fy-je, tout doux ! ce n'est mufle de chien ! »
Mais, l'elixir aydant et la main qui le tien,
Mon vit de vingt-six ans ejacule un deluge.
La bouche elle me boyt comme une huistre qu'on gruge ;
Puis, me laissant souffler, se recule un petit,
Se desvest, et revient me mettre en apétit.
Tel un seïde noir du Vieil Ismaëlite,
Quand sa raison combat le Philtre qui l'agite,
Tel tu me voy, Damon, voulant, ne voulant pas,
Pour finir, en vaincu, dessus un matelas !
Ouy ! je cede au boucon d'une faulce mélisse,
Mais mon esprit confus, Damon, n'est point complice,
Et la roideur du vit m'est une trahïson !

Au moins, change en encens ceste aspre exhalaison,
Venus ! et je consens de faire bon visage ;
Je tasteray du plat, s'il n'est plus de fromage,
Si les bords en sont nets, encores qu'esbreschez !
Voy-luy sur l'estomach ces bissacs accrochez,
Ce ventre brinballant comme un fanon de vache,
Ce grand fendart tigneux qui perdist sa moustache,
Ce nombry qui ressort en conque d'escargot,
Ces jambes et ces bras triez dans un fagot,
Et ceste noix d'antan, qu'on fendist pour sa fesse !

« Or ça ! Or ça ! Or ça ! (Et je hume une vesce,
Qui bonjoure mon nez en *comment allez-vous*)
Viendriez-vous prendre place entre mes deux genous ?

La la, qu'il est mignon, mon petit adversaire ! »
(Damon, laisse-moy boyre une cruche d'eau claire.)

Je la monte à regret, cavalier convaincu
Qu'on le maine à la mort et qu'il est jà vaincu,
Et ses jambes et bras, en pattes d'araignée,
Me happent, moucheron promis à la saignée.
Mais, tandis elle va, le corps en raccourcy,
Tentant d'ymaginer, pour chasser mon soucy,
Que je tiens dans mes bras la Royne de Cythere,
Je croy qu'incestueux j'accolle ma grand'mere.
Comble de marisson, esveillez en sursault,
Puces et morpïons me grimpent à l'assault !
Bran ! J'avalle un chicot en guyse de pistache ;
A son grand casse-noix j'enmorve ma moustache,
Et, tombant en Charibde, où naufrage mon né,
Je treuve dans l'aureille un pot de raisiné.
Bref, l'aisselle pelue, où je gare ma trongne,
Est un ravin profond qu'empeste une charongne !
    « Da, Da ! fils de putain ! Je meurs ! Confession !
Ha, Dieu ! Ha, foutre ! Ha, chien ! Ha ! que de passion !
Heu heu ! hon, hon ! hou hou ! tu le fay mieux qu'un aze ! »
    Moy je pasme à mon tour, et moüille son vieux vase,
Plus esgueulé qu'un pot qui gist abandonné,
Puis, bedeau tout rompu d'avoir carillonné,
Je te lasche un grand *ouf* ! de la Quinquagesime.
Quand je croy tout fini, son desir se ranime,

Et, jà taris de pleurs, je descouvre ses yeux,
Roüans, demesurés, ainsi que des moyeux.
Je veux fuyr du giron de l'infame sorciere,
Mais, au col embrassé, je retombe en arriere,
Ce pendant qu'elle entonne un deuxiesme couplet,
En chevauchant mon vit comme un manche à balet.
   Au beau milieu, soubdain, de la forsenerie,
Esclatte en grand hutin une criaillerie
De papegai plumé, d'espagneuls et de chats
Dansans les matassins par mistes entrechas.
Leur maistresse, à ce coup, de frayeur desarçonne,
Et, meslant ses *Ah ! Ah !* à leur plainte bouffonne,
Comme un autre animal dans l'areine bondit.
Aussi fay-je, Damon, de cest horrible lict,
Et, laissant mon chapeau, mon espée et ma canne,
J'enfile le degré, Thesé' sans Ariane.
O Dieux ! derriere moy court ce monstre allouvi !
Jusques sur le pavé, me croyant poursuivy,
Je vas comme un mastin, comme un traict d'arbaleste,
Je galoppe en larron, sans destourner la teste,
Et butte un Quinze-vingts qui pousse les hauts crys.
Craignant que le gaillard n'ameute tout Paris,
Je le remets sur piés et vous le réconforte :
« Tiens, prens ces trois escuz, que le diable t'emporte !
— La Vierge vous les rende, et le Bon-Dieu vous gard !»
Escorté d'un laquais à mine de pendart,
D'un crieur d'almanachs, d'une fille publique,

Il va dans un bouchon faire le magnifique
Et mener grand soulas avecq'l'or de mon mal.

Mon sonnet de tantost cedant à Martial,
Je me venge à plaisir sur la langue latine ;
Puis, jurant d'esgaller l'auteur de *Celestine,*
Je rentre en mon grenier, d'où je t'escris cecy,
L'estomach à l'envers et le sens obscurcy.

STANCES

A

CORALTE

COURTISANE, QUI AVOIT
TRAITÉ L'AUTHEUR
DE FACQUIN DE
POËTE

N vous aymant, c'est vray,
je ne fus qu'un facquin :
J'eusse peû mieux choisir
en esprit et lignage ;
Ou, plustost, me trompant, CORALTE, d'un estage,
Pour l'Arioste veoir je fus chez l'Arettin

Certes, si j'eusse esté quelque bon proxenette,
Les genoux grands ouverts accueilli vous m'auriez,
Et peut-estre aujourd'huy serions-nous mariez :
Hélas ! ce n'estoit rien qu'un *facquin de Poëtte !*

Mais vous, vous n'estes rien que putte à grands collets,
Et ne serez jamais, CORALTE, qu'une putte ;
Vos ans s'acheveront sous quelque infame hutte
Où vous desgousterez les boucs et les valets.

Car, un jour, ce beau front, ces cuysses, ce corsage,
Rideront à gros plis comme les vieux souliés,
Et si, coquette encor, vostre aage vous celiez,
Il vous faudroit aussi cacher vostre visage.

Sans amans, sans argent, sans parens, sans amys,
La hotte sur le dos, lourde comme la honte,
Vous qui regnez icy en fille d'Amathonte,
Retournerez à pié dans vostre ancien païs.

La, mesnerez és champs et le dindon et l'ouë,
Vous mangerez de pain, de chastaigne et d'ognon,
Et le barbet galleux qu'aurez pour compagnon
Aymera mieux lescher son cu que vostre jouë.

Comme un enfant s'amuse à cingler un toton,
Le vent vous virera ainsi qu'une toupie,
Et vous en lascherez de l'urine crouppie
Avecq' cent pets chargez de crottes de mouton

Et vous enhanerez, ouy-da, vieille salouppe,
Tout le jour, par guerets, par sentes et par vaux,
Affin qu'aux chiens mastins, aux verrats et aux veaux
On vous laisse, le soir, disputer vostre souppe.

Quand direz, à mi-voix, comme au *De Profundis*,
Qu'autrefois mille amours vous eustes en partage,
On gaussera de vous : Quoy, mentir à vostre aage ?
Ou bien : Vous recitez le Romman d'Amadis !

Bref, hüée, et chassée à coups de Sarbagane,
Vous irez tristement sur le feurre dormir ;
Et le naveau servant à vous faire gemir
Pourrira, la nuict mesme, au fond de votre organe.

La ganache pendante et le mufle morveux,
Resverez en ronflant, de cirons devorée,
Que sur un lict profond vous estes adorée,
Ou qu'un galant feru comble vos moindres vœux.

En fin, vous mendîrez, vous de qui l'on mendie
Un regard, un souris, un gant, ou un mouchoir ;
Mais qui dans vostre main le cuivre fera cheoir
Croira qu'il vient, morbleu ! d'obliger *Canidie.*

CORALTE, le Hasard est le bouffon des Dieux :
Par luy, cest homme-la, mis sur vostre passage,
Sera peut-estre moy, qui reçoy vostre outrage,
Et qu'un Prince aura faict alors pecunieux.

Je voudrois qu'en ce temps vous peussiez recognoistre
Ce *facquin* qu'aujourd'huy vous traittez de si haut,
CORALTE qui serez servante d'un pourceau,
Qui tirerez les veaux pour les aider à naistre !

Des lauriers d'APOLLON du Dezert couronné
Narguera le Trespas dans les jeunes mémoires,
Et je souhaiterois que quatre genitoires
Se souvinssent pour vous d'avoir carillonné.

Allez donc au Bordel vous mocquer des Poëtes,
CORALTE, qui vendez vos infames amours,
Et qui accoleriez les Cinges et les Ours
Si des bourses d'argent pendoient au cou des Bestes !

SONNET

GUILLOT, tiens ceste chevre
     à la corne dorée,
   Semblable à celle-la du Païs Idéen,
   Qui se laissoit teter par le petit Juppin,
Aux chants du Corybante et des Prestres de Rhée.

Tiens-la, mon Guillot, tiens, que j'en treuve l'entrée,
Et que je n'aille pas, hurté d'un front belin,
Avecq'la couille à l'air, le penil et l'engin,
Culebutter parmy ces plans de chicorée.

Hé ! tiens doncq, mon Guillot, je me trompe d'endroit !
Ce n'est pas que mon vit souffre d'estre à l'estroit,
Luy qui prefere tant n'estre pas à son ayse :

Mais j'ay juré les Dieux, moy, Poëte païen,
(Morbieu ! tiens-la, Guillot, il faut que je la baise !)
De n'avoir d'autre fils qu'un Satyre boucquin !

LA

RODOMONTADE

SONNET

tes combats, Amour, ma valleur s'humilie :
Il luy faut les fureurs de Bellone et de Mars,
Et j'ayme mieux ronfler sur un lit d'estandars
Qu'enfoutrer les drappeaulx de ta couche salie !

Veoir de cent escadrons la campagne remplie
Quand pette le canon comme quatre soudars,
Et frapper à deux mains comme les Jacquemars,
Grinçant de male-rage ainsi qu'une poulie ;

Chier dans ses cuissards sans quitter de cheval,
Bondir de cy, de la, en amont, en aval,
Invulnerable au fer comme le cocodrille ;

Puis, l'ennemy defaict, soy-mesme encore dispos,
Intrepide à la course aussi bien qu'un Achille,
Enculer les fuyards qui vous tournent le dos !

BLESQUIN

ANANDEL, qu'itres-tu :
　　Quand peausseois dans la frétille,
　　　Est-ce qu'un rapatu
　　　　T'a grippé l'atille ?
　Quoi, tu courbes la comblette,
　　Comme si tezis filois
　　　En une lunette
　Une fargue de prouais ?
　　Eschec à bezarder,
　　　Te faut gimberter !

Rive le bis à la mille,
Rive le gibre au bilou,
Rive au bigard,
Rive au bilou,
Rive le billouard !

Sus, dresse le chouart,
Et, le ruffle à la poussante,
Deffargue comme auzard,
Batoche en cassante.
Graffe, graffe le mouzu,
Foigne, foigne, foigne, foigne !
Si sans herpelu :
Fous-luy la jaffe en la troigne !
Eschec à bezarder,
Te faut gimberter !

Rive le bis à la mille,
Rive le gibre au bilou,
Rive au bigard,
Rive au bilou,
Rive le billouard !

Dans le prouas que meus,
La magnuce met la sonde.
Lanscaille au coin du creux,
De poûr de la bonde ;

Puis yssant, en bon arquin,
De l'empave à rupiole,
    Tu prens ton marquin,
Et que le Guelier t'entrolle !
  Eschec à bezarder,
    Te faut gimberter !

Rive le bis à la mille,
Rive le gibre au bilou,
   Rive au bigard,
   Rive au bilou,
  Rive le billouard !

STANCES

A LA

LOUANGE D'ÉGLÉ

FILLE SALE

N caressant cest Instrument
Qui crea Thebes sans ciment,
Je flaire, au doigt qui le tracasse,
Eglé, ta chere infection,
Et jure de chanter ta Crasse,
Sur le divin Luth d'Amphion !

Eglé, sois louée à toujours
Pour tes genous, qui des labours
Ont conservé la terre amée !
Recognoist-on pas, à les veoir,
Que tu prias sous la ramée,
Courbée à l'Angelus du soir ?

Eglé, qui veillas au chaudron,
Tes petits pieds de Cucendron
La cheminée ont ramonée ;
Et l'ombre fidelle à tes pas
Est une trace encharbonnée
Qui te suivra jusqu'au Trespas.

Si ton Coquin sent le poisson,
C'est qu'un jour, cueillant le cresson,
Eglé, tu cheus dans la fontaine :
L'epinoche prit pour son ni
La touffe adorable de l'aisne
Et s'y tint en catimini.

Eglé, ton nombry est si noir
Qu'il sembleroit un esteignoir
S'il n'estoit centre d'une cible ;
L'Infant au petit arc Turquois
Y descoche un dard infaillible
Et mesnage ainsy son carquois.

Eglé, tes tetins enfumez,
Ce sont deux gros boulets ramez
Que le Boisteux fit dans sa forge,
Si bien que le Fils de Junon
Voudroit reposer sur ta gorge,
Luy qui dort auprès d'un canon.

Un distique forment tes bras,
Eglé, sur la page des draps
Escrit à l'ancre de la Chine;
Et l'aisselle de chacun deux
Ryme bien avec sa cousine,
Pour le nez comme pour les yeux.

Eglé, tes cheveux sentent fort
La feuille-morte et le bois-mort
Alors que ta main les delie;
Tout l'Automne, amer et desclos,
Au vent nocturne s'exfolie
Quand ils s'escroulent sur ton dos.

Eglé, tes aureilles, en fin,
Exsudent l'Ambre et le Succin,
Ou ressemblent deux coquillages :
Les Flots les ont abandonnez,
Et dans ces delicats naufrages
Des sablons sont encloisonnez.

Ah ! je ry de Pygmalion
Qui fit son adoration
D'une pierre nette et polie !
Non ! de Venus le corps si beau
N'eust point excité ma folie,
Lui qui nasquit au sein de l'Eau.

Et vous, petits Flacons d'odeurs !
Soufriray-je qu'un jus de fleurs
Par le nez à l'amour nous maine,
Quand, Fée au berceau de chascun,
La Nature nous fit l'estrenne
D'un inepuisable parfum ?

Eglé, Vaisseau noir et poreux
D'où filtrent basmes odoreux,
Que l'Eau jamais ne te cognoisse ;
Blanchis, et je suis desgrisé,
Comme un Biberon qui delaisse
Un vase de vin baptisé !

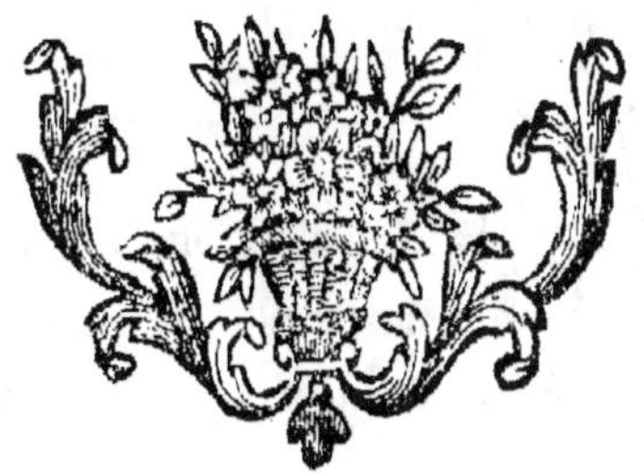

MADRIGAL

EN

RONDEAU

POUR UNE JEUNE PERSONNE
DU BON TON QUI DISOIT
SOUVENT MERDE
EN COMPAGNIE

ERDE n'est plus que confiture,
Merde plus rien n'a d'une ordure,
Merde est pesche et mirobolant,

Merde nous est miel doux-coulant,
Merde devient nostre pasture ;

Merde nous sustente et sature,
Merde, en fin, faict notre capture,
Depuis que laschez en parlant :
        Merde !

Merde à la Cour est nourriture,
Merde brille à la devanture,
Merde, à Paris, vient par chaland ;
Et j'oy le cryeur ambulant
Qui clame, en poussant sa voiture :
        Merde !...

SONNET

POUR

UN PETIT CONIN

ETIT nid sous un petit toit,
D'une oyselle fine industrie ;
Nid qui n'a rien d'un nid de pie,
Mais où la pie hïer estoit ;

Petit annelet trop estroit
Dont je tente l'escroquerie ;
Chef-d'œuvre de serrurerie
Qu'un vit en crochet n'ouvriroit !

Fissure où vrille une lambrusque,
Bosquet où le Plaisir s'embusque :
Tel est le conin d'Alison,

Luy qui regalle ma braguette
Du sphincter d'un jeune garçon
Sous la motte d'une fillette.

SONNET

POUR UNE

GRANDE FENDASSE

RAND rire de bedaine heureuse,
Grand glouton, de lourdois repeü,
Grand rictus de Soudan lippu,
D'un arbre, cicatrice affreuse ?

Grand cabas d'une vieille gueuse,
Grande botte au cuir tout rompu,
Grande tignasse de crespu,
D'un puits margelle tenebreuse ?

— Non ! mais plustost grand Casse-cou
D'où l'on sort tremblant du genou,
Plus secoué qu'une sonnette.

Cela est si vray, qu'une nuict,
Un galand te prit pour reduit
Et faillit cheoir dans ta lunette.

SONNET

A UNE SERVANTE ROUSSE

ROUSSE

QUI CHERCHOIT UNE BALANCE

POUR PESER DES ESPICES

U vas de voisine en voisine
Une balance quemander :
L'une la fait raccommoder,
L'autre à prester n'est point encline.

Durant cela, dans ta cuisine,
J'oy ton vieil Cassandre gronder :
Il t'accuse de bavarder
Au lieu d'impugner sa lesine.

Comme j'ay grand pitié de toy,
Je t'offre de peser chez moy
Le saffran qui te croist sur l'aisne :

Mon Vit, ô charmante Suzon,
Fera la balance Romaine,
Et mes deux coüilles le pezon.

SAINCTE-FACE

E n'ayme qu'un Martyr,
    ô Jesus, c'est Orphée.
    Arriere ! Fils de l'Homme
    et Prescheur de goujats :
Que la Grace jamais, par ton zele eschauffée,
Ne penettre ce cœur qui ne te connoist pas !

J'ay veu le triste Chef du Lin de Veronique
Fomenter des convents les malsaines amours :
J'ay veu cent Capucins, bruslans d'un rut mystique,
Coller à ta pasleur des trongnes de balourds.

Amant de la chiourme et de l'orde racaille,
Que ne s'est-il treuvé quelque saincte canaille
Pour t'esponger les reins d'un drap miraculeux :

L'on eust troué l'estoffe au mitan de Ta Fesse,
Et l'on eust veu tes gens, par gestes scandaleux,
Honorer Jesus-Christ des rites de la Grece !

SONNET

POUR UNE

BELLE NONNAIN

QUI SE DISOIT ESPOUSE DU
CHRIST ET REPOUSSOIT
UN CAVALIER

OUSJOURS : Jesus par-cy ;
tousjours : Jesus par-là,
Jesus veut la Vertu,
la Pudeur il réclame ;
Sans combler, ce pendant, le desir qu'il affame,
Jesus deffend cecy, Jesus deffend cela.

Sambregoy ! Je vous plains si vous estes sa femme,
Car dans ceste Famille aucun ne bricola :
Fust-ce pas un Pigeon que l'Esprit racola
Pour foutre en lieu de Luy dans le Trou Nostre-Dame ?

Il faut, ce Jesus-là, le faire un peu Cocu :
Quoy ! souffrir qu'un tyran régisse vostre Cu ?
Qu'il le laisse béant, sans gloire et sans usage ?

Tenez, je le renie, ouy, je change de Foy,
J'honnore Cupidon propice au culletage,
Et vivent les Faux-Dieux qui bandent comme moy !

SONNET

POUR UNE

BELLE PERSONNE

DE QUI L'ON DISOIT QUE LE
GROS DERRIERE AVOIT LE
BALANCEMENT AGREABLE
D'UNE NAVIRE

RIS, quand ton Cu dodeline
Souz les Ombres de ces Jardins,
L'on ne sçait si ton pas chemine
Ou si tu vogues par chemins.

Ouy ! ce Sable est onde marine
Qui meurt au pié de ces Jasmins :
Sur elle ton Cu se dandine,
Et ces pigeons sont des Dauphins.

Non ! ce Cu-là n'est qu'un derriere ;
Et, lorsque tu l'assieds par terre,
Lasse des amoureux trafics,

Les Morts, que ta chaleur oppresse,
Erigent vers sa belle Fesse
Les pasles vits des Agarics.

SONNET

POUR UN TABLEAU

SANS LÉGENDE

REPRÉSENTANT UN JEUNE HOMME
COURANT EN QUI LE POETE
CREUT RECOGNOISTRE
HYACINTHE

Ù cours-tu, plein de souffle,
    et beau comme Hyacinthe ?
    Au bord de l'Eurotas
    Apollon rejoins-tu,
Dont le Luth sans honneur, à Delphes suspendu,
Livre aux vents inexperts ses chordes et sa plainte ?

Ouy, c'est Sparte, là-bas, Guerriere sans enceinte !
Dans ces aspres rochers Apollon s'est rendu,
Et tu vas, gay mortel, à ce Maistre eperdu,
Offrir ton corps lascif et ta paupiere esteinte.

Arreste, fils d'Amicle ! ah ! demeure en ce lieu !
Tantost tu dois perir sous le palet du Dieu :
Arreste, ô bel Enfant ! ta course est la derniere !

Mais tu n'entens, tu fuys, avide du Trespas,
Cependant qu'amoureux de tes propres appas,
Tes piés couleur de rose encensent ton Derriere !

LES
VISIONS
DE CORYDON

SONNET

ALEXIS, j'ay resvé
    qu'auprès d'une fontaine
Je livrois au Soleil
    mes membres tout moüillés :
De mes bras j'avois fait commodes oreillers,
M'estant à plat le ventre estendu dans l'aveine.

Je comptois qu'il faudroit encore une semaine
Pour que la faulx sifflast sur les champs esmaillés ;
Et, semblable aux Lezards, par elle ensommeillés,
Je benissois d'Esté la tiedissante haleine.

Puis, changeant de pensers mes esprits sans employ,
Je clignay vers Phœbus, qui brille comme toy,
Et vy ton Bracquemart au-dessus de ma teste ;

Gazoüillant en follet un turelututu,
Il fondist de la-haut ainsi qu'une alouëtte
Pour se venir mirer dans le Trou de mon Cu.

STANCES

D'UN

BARDACHE AMBITIEUX

A SON BOUGRE DE CU

OUX sire Cu ! Combien
     vous me gastez !
    Tousjours en deux pour moy
     vous vous fendez,
Et l'Oraison sur vos levres palpite !
Vous me valez des disners succulens,
Mais preferez vous repaistre de glans,
  Comme Anthoine le Cenobite.

Le devoûment si loin avait poussé
Que, certain soir, j'aurois esté rossé
Si, tout soubdain, n'eussiez tendeü la jouë ;
Pour achever de m'oster d'embarras,
A ce coquin vous parlastes tout bas :
    Il meritoit qu'on le rabrouë !

Vous me voulez, en outre, tant de bien,
Vous craignez tant que ne meure en païen
Que frequentez un pieux Moliniste ;
Tous deux priez un long tems à genoux,
Et j'oy : « Mon fils, ses peschez sont absous,
    Eust-il un cœur de Sodomiste ! »

Tousjours modeste et plein d'humilité,
Vous aymez vivre avec austerité,
A tous regards mussé sous la cagoule ;
Soins superfluz : le dernier des laquais
Va publiant, de caquets en caquets,
    Que vos graces brillent en foule.

Et vous souffrez, sans peine, sans courroux,
Que je m'assoye et me couche sur vous ;
Quelquefois mesme entonnez un Cantique,
Et si jamais murmurer je vous oy
C'est qu'egrenez pour ce folastre moy
    Vostre rosaire monastique.

O Sire Cu ! Dom Cu ! Très-Benoist Cu !
Qu'en bonne odeur de Sainct aurez vescu,
Et qu'un tel Cu eust bien racheté l'Homme !
Vous meritez siege d'Official,
Et vous auriez pourpre de Cardinal
    Si jamais vous alliez à Rome.

La, mieux qu'ailleurs, en cus l'on se cognet :
Parle-t-on Cu, l'on oste son bonnet,
Et chez le Pape, en devost, l'on se signe ;
Dit-on la Messe, hé, c'est Messe du Cu !
Tout Barisel Le porte sur l'escu :
    Bref, c'est Personne Très-Insigne.

Ha ! je vous voy desja comblé d'honneurs !
Vous tenez Cour de mille adulateurs
Et vous tentez le pinceau d'un Artiste.
Par vostre Nom sacre le bombardier ;
Quoy ! vous voyla promeü Grand-Moustardier !
    Quoy ! vous tranchez du Conclaviste !

Ciel ! Je voudrois me flechir devant Vous !
Mais, le moyen de me mettre à genoux
Sans vous tourner ma face filiale ?
Vous rayonnez comme Rose des Vens,
Et vous baillez aux Empires fervens
    La Benediction Papale !

PAROLES

A MON VIT

FILLEUL SOUS MA

TUTELLE

ONSIEUR, je vous voy soucieux,
Comme quelque Religieux
Qui dans un cloistre se pourmaine ;
Garderez-vous ces airs penchez
D'un Prestre oyant catéchumene
Confesser de salles pechez ?

Par ma fy ! l'on diroit plustost
Que vous ronflez comme un rustaud
Au pié d'une meule de paille !
Morbleu ! resveillez-vous, l'ami,
Pour ne meriter qu'on tiraille
Vos deux aureilles d'endormi !

Sus ! Hôla ! Sus ! fils de putain !
Lazzarone Napolitain !
Bougre d'empalleur de Gomorrhe !
Blesme trongne de verollé !
Toy qui tranches du Matamore
Quand l'ennemy s'est envolé !

(Aparté)
Ce grand pendard s'esveilleroit ?...
Ha Dieux ! Je laisse ma cholere !
Mais qu'une ruse mensongere
Luy desguyse ce dernier trait :

Bonjour, Senor Caballero !
Bonjour, Senor Guerillero !
Comme vermeille est vostre mine !
J'accusois un petit amy
Qui me grimpois dessus l'eschine
De ne bandoüiller qu'à demy.

Là, tout doux ! dormistes-vous bien ?
N'auriez-vous pas besoin de rien ?
Voulez-vous qu'on vous frictionne ?
Si vous estes en appetit,
Nous irons veoir une personne
Qui dresse à disner sur son lict.

Monsieur De Mon-Vit, mon Filleul,
Que je voudrois vous laisser seul
Vous gaver de ceste cuisine !
Mais il faut vous donner la main,
Car vous prenez pour la cantine
Le couloir de chez le voisin.

Soit dit sans vous mettre en courroux,
Vous n'y voyez pas devant vous,
Estant (reverence !) un peu borgne :
Les plats dont vous voulez manger,
Si faut-il doncques qu'on les lorgne
Pour vous esviter tout danger.

Io ! Io ! ostez vostre chapeau,
Et, guilleret comme un pipeau,
N'ayez pas l'air dans une trappe ;
Quand vous flairerez le fumet,
N'allez point baver sur la nappe,
En goinfre plustost qu'en gourmet.

Io ! le beau lansquenet fougueux !
Le beau trompette glorieux !
Hola ! morbleu ! faites espace !
Io ! par la corne d'un cocu,
Il faut que Jeunesse se passe
Dans le sacré Bordel d'un Cu !

LA GRANDE
TENTATION

SAINCT-ANTHOINE

VANT que tu dormes, Corine,
Ma Cassandrette, ma Francine,
Escoute un peu ton erudit,
Qui, dans le Grimoire d'un moyne,
De la Tentation d'Anthoine
Te va lire le benoist dict.

Dans la poüilleuse Thebaïde,
Un petit Gobelin perfide
En roussette va volletant :
« Quoy ! par Mahom ! par Ahrimane !
Pas de convent, pas de cabane,
Pas un foutacquin d'habitant ?

Si je ne treuve bonne chasse,
A mon retour l'on me fricasse,
L'on me poigne et fouette le cu,
Comme fille de Macquerelle,
Qui s'en revient dans sa ruëlle
Sans rapporter aucun escu.

Herclé ! que voy-je ? un Hermitage,
Et, là-bas, un petit village
D'une vérolle et d'un cornard !
Laissons en paix ceste canaille :
En desir plus haut me tenaille
De reduire un cœur de Frocard.

Ouais ! le bonhomme est en extase :
Je ne vas point, comme un viedaze,
Tenter un inutille effort.
Et zon, zon, zon, et ziste, ziste,
Petit pere, despeschons viste
De querir honneste renfort ! »

Il pique en une taupinée,
Et de la rive Acheronée
Treuve le souterrain boyau ;
Seigneur, empeschez sa malice :
Le Sainct dort comme la Justice,
Comme yvrongne sur un cuveau !

« Ran ran ran ran ! » *Quid ? ubi ?* qu'est-ce ?
Qui tappe et retappe la caisse ?
Quelle armée entre en ce Païs ?
— Ce sont des Diables en brigade,
Sur poislons battans la chamade
Avecq'la teste de leurs vits.

En chie-en-lit devant la troupe
Les precede un phantasque groupe
De Korrigans et de Follets,
De Gnosmes noirs comme des blattes,
De Lutins, subtils acrobattes,
Et d'enfourcheuses de balets.

Mille Routiers, Mille Bravaches,
Mille Soudards, Mille Gavaches,
Les suivent en porte-mousquets ;
Les Aigles de la Solitude
Vont prendre ceste multitude
Pour un passage de criquets.

Près de l'Oratoire on s'esgaille,
L'on caquette comme poulaille,
Assis en ronds comme magots ;
Petit à peu, l'on se rapproche :
Le plus hardi branle une cloche,
Medée embraze des fagots.

L'un prend du Sainct la tabatiere
Pour s'empetuner le derriere
En vilain tour de garnement :
Il fait, du coup, la capriole,
Et son cu devient espingolle
Qui tonne un salle esternûment.

L'autre, un Chesvre-Pied, se delecte
A souffler dans sa verge infecte,
Plus visqueuse qu'un escargot ;
Ses coüilles s'enflent comme une outre,
Et de cest outillage à foutre
Il tire un air de larigot.

Cestuy met besicles de corne,
Et, crane chauve comme borne,
Mime un chantre à l'Antiphonier :
Psaulmes il braille comme un aze,
Puis, à sa gorge qui s'embraze,
Verse arrouzoir de jardinier.

Cest autre, se grattant l'aisselle,
Et gloussant comme une pucelle
Que l'on chatoüille d'un festu,
Arque ses fesses de vygongne
Pour que le bec d'une cygongne
Luy picore dedans le cu.

Mais il lasche vesce si douce
Que la pauvre volaille en tousse,
Vire l'œil et clique du bec ;
De l'ergot elle se decrotte,
Elle se frotte et se tapotte
Comme si joüoit du rebec.

Sur des tresteaux de Bruscambille,
Un Singe combat un Soudrille,
Un Cirurgien sonne du cor ;
Harlequin jongle d'une lame
Devant des Masques de Bergame
Et le Capitaine Almanzor.

Dessus les branches d'un vieux Chesne,
Il s'en installe une centaine
En postures de cabinets ;
De leurs fientes ils s'esclaboussent
Et, jacassans, ils s'entrepoussent
Comme un vollier de sansonnets.

Puis paroist SATAN TRISMEGISTE,
En vestement de Kabbaliste
Que retrousse un vit de mulet ;
Il l'agite devers le Chesne,
Où ce commandement deschaisne
Une musique de Ballet.

L'un grattelle un gril de cuisine
Avecq'des ongles de géline,
L'autre, un claron fait d'un soufflet ;
Cestuy, tymbale fait d'un casque,
Un pot de chambre est tambour Basque,
Une seringue un flageolet.

Les violons sont des galoches,
Les archets, lardoyres et broches,
Caisse est le cu de Ravaillac ;
Une musette qui radotte
Est de Judas Iscariote
L'anticque et desgoustant bissac.

Plats à barbe sont les cymbales.
Des molaires de Cannibales
Garnissent le chapeau Chinois ;
Et la viole de gambette
N'est que le tronc de l'esquelette
Du Larron qui mourust en Croix.

(Voire ! l'exquise Symphonie !
En est-il, o Mauritanie,
Qui ravisse mieux le Sultan
Quand il va, fleurant une Rose,
Et qu'un Lut enchanté luy cause
Du Paradis Mahometan ?)

Mais, soubdain, une bombe esclatte !
Lesché de flames d'escarlate,
Naist un corps de marbre animé ;
L'Enfer de vivats le saluë,
Et Proserpine, toute nuë,
Danse le pas de Salomé.

Par le Styx ! foutre, qu'elle est belle !
Eve n'estoit qu'une donzelle,
Helene, un soüillon de bourdeau ;
Son œil est un feu d'artifice,
Et pour sa voix le sage Ulysse
Se fust jetté de son bateau.

Sa chevelure crespeluë,
De plumes de cocquesigruë
Se somme, ainsi que d'un carquois ;
Souz ceste sombreur de corneille,
Un joyau lui pend à l'aureille,
En forme de croissant Turquois

Ses tetins sont boules d'yvoire,
Et l'on feroit du Purgatoire
Pour n'en estre que le jongleur ;
Sa brune aisselle est cassolette,
Et, sauf un nez d'Anachorette,
Tout nez descharge à son odeur !

Sa hanche est si forte et si large,
Qu'elle pourroit servir de targe
Au page d'un porte-pennon ;
Son secret, au bas d'un beau ventre,
Tant obombre le petit Centre
Que l'on diroit bourre à canon.

Mille Amours, noirs comme Infidelles,
En vols obscurs de sauterelles,
En essaims de chauve-souris,
Contre la Venus du Cocyte,
Qui pour Mars veut un Cenobite.
Descochent trente mille vits.

Or, en dansant elle s'approche,
Elle gambille, elle ricoche,
Elle volle comme un festu ;
Dans ses estranges pirouëttes,
Elle branle des castagnettes
Faites de coüilles d'un Pendu.

Toute l'Arabie et la Perse,
Toute l'Asie elle disperse
Aux vents de l'antique Désert ;
Et l'on croiroit que de ses pores
Comme baume tu t'esvapores,
Rythme de l'Infernal Concert !

Anthoine dort comme une vache,
Un morveau dedans la moustache,
Un hanneton dessus le né ;
Rien n'entendit du tintamarre,
Et la chacone du Tartare
N'esmeut cest encapuchonné.

Il resve que, devant la Vierge,
Son phalle brusle comme un cierge
Dans le vermeil d'un chandelier ;
Ce bedeau de Joseph le mouche,
Et le viedaze tant le touche,
Hé mais ! que c'en est familier !

Lors, s'esveillant, il voyt menotte
Qui te le frotte et descalotte,
Tout mistement, à petit peu :
« Mercy ! fait-il, mercy, bonhomme,
De me le rendre après mon somme,
Mais vous en respandez, morbleu ! »

Et puis, le voyla qui se pasme :
« Joseph, vous estes un infame !
Refaites-le deux ou trois coups ;
(Ciel ! Je me meurs en ceste extase !)
Joseph, vous estes un viedaze !
Cependant, vos doigts me sont dous.»

Ha ! tout soubdain, on le culbutte !
Voicy que s'effondre sa hutte
Et qu'il oyt mille groignemens ;
Son nez renifle entre deux cuisses,
Il est conchié d'immondices,
On l'inonde de lavemens !

Une voix de femelle en couches
Ulule à fendre cœurs de souches
Sur le mode aigu d'un castrat ;
Il se degage, il peste, il gronde,
Et voyt le plus beau Cu du monde
Chargé par son propre verat.

Ce porc revenoit du village
Avec un coffin de fromage
Qu'à ses crocs il portoit pendu :
Contre cet ost demoniaque
Et ceste Gaupe de Lampsaque,
Il prit parti pour la Vertu.

Son cornac les yeux escarquille,
Il se rend compte, il se desille :
C'est là tour de Maistre Astaroth !
Aveugle aux beautez de la Belle, ,
D'un chapelet il la flagelle :
« *Vade*, foutre ! *vade retro !* »

En ire le Tenare esclatte,
Et ceste bande sceleratte
Autour de luy fait grand hutin ;
Sur le cochon, que l'on attache,
Leur Prince, grimaçant Bardache,
Exerce l'art de l'Arettin.

Pour revigorer Proserpine,
Un damné qui porte une pine
En lieu de langue, la luy tend :
Elle s'en fait une canule,
Et son nombril, mouvante bulle,
A la mauresque va sautant.

Jadis citoyens de Gomorrhe,
Cinq cents, que le Vice devore,
Font la chaisne, s'entreculans ;
Des badigoinces ils tortillent,
Comme magots qui se houspillent
Ou croquent des poux succulens.

Pour conjurer ceste vermine,
Anthoine benit son urine
Et prend feüillard pour goupillon ;
Mais eux redoublent de malice,
Et de sa barbe de Suïsse
Ils font barbasse de soüillon.

Tout à coup, la Foudre canonne,
Le Feu celeste les harponne ;
Jesus despesche un bon soudard :
Michel croise la hallebarde,
Et vous en fiert une nazarde
Dans le cu du premier pendard.

Puis le sol se fend et les happe,
Comme Bacchus fait d'une grappe ;
La Paix se refiance au Soir,
Et, pres d'un Ange qui l'esvente,
Rompeü de coups et d'espouvante,
Anthoine ronfle comme un loir.

Aux accords des Lyres divines,
Dessus l'Oratoire en ruïnes
Campanile va s'eslevant :
Ainsi les sons Amphioniques
Susciterent des murs de briques,
Sans architecte ni servant.

Hola ! sus ! tu dors, ma Corine,
Mon angelet, ma Proserpine,
Mon dieutelet, mon diablotin ?
Or ça ! Je change d'auditoire
Et vay terminer ceste histoire
A l'oreille de ton Connin.

SONNET

SUR

UN RUISSEAU

EUREUX cent fois ce Rû
où tangue une nacelle,
Comme sur un beau ventre
un corps de jeune Amant;
Heureux cent fois est-il en son espanchement,
Où d'oysons mariniers vogue un couple fidelle !

Heureux cent fois encor', quand la rouë estincelle,
D'un antique Moulin au long gémissement,
Et que, dans un bosquet, fait echo tendrement
Un coulon qui lamente aupres de son oyselle !

Et cent fois, derechef, heureux est ce Ruisseau,
Quand, à minuict, Phœbé scintille au fond de l'eau
Comme Carpe d'argent sur le sable endormie ;

Ains, mille et mille fois plus heureux n'est-il pas,
De pouvoir, d'un seul coup, baiser le Pié, le Bras,
La Cuisse, le Teton, le CONIN de ma Mie ?

LE MATIN

ORINE, ces vallets fauchans,
Le vieil Saturne les imite ;
Hastons ! le Matin nous invite
Et le fait dire par ses gens.

Oy le bouvreuil et la linotte ;
Et le verdier et le pinson
Dans leurs trilles rouler ton nom ;
Oy ce bicquet qui le chevrotte !

Oy la trompe, au loin, du chasseur.
L'hermitte tirer sa campane,
Le musnier chanter sur son asne,
Et l'appel, sur l'eau, du passeur !

Voy ce moulin qui nous fait signe
En se haussant sur le costeau,
Et la giroüette d'un Chasteau
Qui je ne sçay quoy nous designe !

Ce char depasse nostre toict ;
De feurre il roulle une montagne :
Impatiente, la Campagne
Decide de venir à toy !

Sus ! debout ! sus ! que l'on se veste !
Diane, jà, ceint le carquois :
Vien l'espier dedans ces bois
Fougueusement courre la beste.

Penchée au fluide Crystal,
La Naiade ses cheveux peigne,
Et le petit pié qu'elle baigne
Fut façonné dans le coral.

L'Hamadryade, yssant du chesne,
De l'hierre escarte les rideaux ;
Entour, ballent des Satyreaux,
Aux sons d'un flageolet d'aveine.

La Fable foule le gazon,
Narcisse brusle pour Narcisse,
Et c'est tapis de haute-lisse,
Et c'est poëme de Nason !

Les pigeons gonflez se becquettent,
Tousjours par deux comme tetins ;
Et l'on diroit, dans les sapins,
Des seins ailez qui s'entre-tettent.

Viste, ta laine et ton fuzeau,
Et ce coffin pour la cueillette ;
Moy, j'emporte ceste serpette
Pour graver dessus un bouleau.

Sus, l'Heure en peu du Jour grignotte,
Comme sa noix un escureuil ;
Le Temps agile est un chevreuil,
Et ma Corine une marmotte !

Le lict laisse faire au vallet ;
Les Nymphes ont battu la mousse,
Et l'ont jetée en molle housse
Où reposer ton corps doüillet.

Le Matin est aux Dieux Antiques,
Nuds et beaux comme des Amans,
Et le Soir aux renoncemens,
Dans les Tenebres Catholiques.

LA NUICT

EA ! les instans enivrans,
  Qu'en fust douce la mort jumelle,
  Quand, pasmés mamelle à mamelle,
  Nous meslions nos esprits errans !

Ceste Nuict nous fit ce loisir,
Et son deüil de Ceremonie
Pend de la Voulte rembrunie
Pour ceux qui meurent de Plaisir.

Mais ce deüil comme ceste mort
N'ont du tout rien d'espouvantable,
Et l'Ombre n'est insupportable
Qu'à la pucelle qui se mord.

Pour mieux gouster ce que vas veoir,
Une mascarade imagine,
Qui balle devant la Dauphine
Le Convoy des Astres du Soir.

Voy le cortege fabuleux
De ceste pompe funeraire :
Sans bruit, le pas du *Sagittaire*
Va foulant les Cirrus moëlleux.

Arcture escorte le *Chariot*,
Qu'il suyt en pleureur taciturne ;
Le *Verseau* transporte son urne,
Et l'*Hyas* estouffe un sanglot.

La, c'est l'Emir *Aldebaran*,
Dont on ne veoit la face More,
Mais une aigrette de phosphore
Tremble au sommet de son turban ;

Persée, amoureux Chevalier,
Andromeda et *Cassiope*,
Venus, *Hercule*, et le *Canope*,
Orion, ceint du *Baudrier*.

En fin, la faune d'almanac,
Les images d'Astrologie,
L'*Hydre*, de sang toute rougie,
Et la *Licorne* sans cornac.

Si le restant voulois compter,
Avant que d'en treuver la somme
Ton Louvigné seroit vieil homme
Que tu n'aimerois mignotter !

Ne restons le nez dans les Cieux,
Nous deviendrions Catholiques,
Je veux dire melancholiques,
Imbecilles et soucieux.

Voy ce ruisselet serpentant
Dont reluisent les mille escailles :
Il se coule emmy les brossailles
Pour attaquer ce bœuf broutant.

Ces arbres-cy causent tout bas :
Ils meditent la mort du Chesne ;
Mais la racine les enchaisne,
Et, de rage, ils battent des bras.

A requoy dessous un rameau,
Sur sa fluste un Berger souspire,
Et, de son froidureux Empire,
Diane entend ce chalumeau.

A veoir ce grand oyseau de nuict,
L'on croiroit que c'est le Silence,
Qui revient de chez l'Indolence,
Chargé des plumes de son lict.

Le bief chantonne foiblement,
Pour assoupir la vieille rouë ;
Tout le jour avecq'elle il joue
A culebutter vistement.

De son nid contre le linteau,
Progné doucettement susurre,
Et sa legendaire torture
Sa Sœur recite dans l'ormeau.

Ne diroit-on pas à l'ouïr,
Isnelle forme palpitante,
D'une feuille des bois qui chante,
Premierement que de flestrir ?

Oh ! escoute, escoute un petit
Ceste pathetique Infortune !
Le toict s'esgoutte sous la Lune,
Pleurante et pasle à ce recit !

Zephir ce chant transmet aux Dieux ;
Le Hibou d'ululer s'arreste,
Et le Saule, inclinant sa teste,
Sanglotte en ses pendans cheveux

De la Ville Rome exilé,
Au bord de la rive Pontique,
Ovide, seul, donroit replique
A ce dolent Poëme ailé !

Lors que Philomelle aura teü
Ceste sublime Melodie,
Tel qu'apres une Tragédie,
Tout restera comme abattu.

Quoy ! tu pleures tout contre moy,
Vaze empli d'amour et de peine !
Qu'il boive à ta double fontaine,
Le bel object de ton emoy !

Ha ! que ne vient-il en ce pleur
Tremper sa languette alterée :
Il oubliroit viste Terée
Qui lui causa ceste Douleur !

Corine, tu ne m'entens plus ;
Phantase un philtre te prodigue,
Et les liens de la fatigue
Enchevestrent ton corps perclus.

Dessus l'Oubli, Fleuve endormeur,
Le Sommeil nonchalant arrive :
Corine, allons à la derive
Sur ceste Barque sans rameur !

INSCRIPTION

POUR

L'URINAL EN FAIENCE

DONT LE FOND S'ORNE
D'UN ŒIL

VANT que d'habiter
le bord Elysïen,
Où gouste sa chere Ombre
une paix meritée,
Madame vostre Mere avoit souvent l'idée
De s'asseurer du doigt qu'il ne vous manquoit rien.

Mercy-Dieu ! pour veiller à vostre petit bien,
Sa prunelle subsiste, en l'esmail incrustée ;
Et vous entendriez vostre Mere irritée
Si vous tentiez jamais le jeu Venerien.

Recognoissez, Cloris, cest œil à la morisque,
Et tremblez de courir l'espouvantable risque
De susciter un Spectre en laschant du pipi.

Escoutez vostre pot, sçachez rester pucelle !
Maintenant, pres du chat mollement assoupi,
Là, tout doux, dormez bien, et soufflez la chandelle !

POUR

LE BIDET

EN

FAÏENCE DE ROUËN

'OUBLIE, o Nymphe,
à qui suis consacré,
D'orner souvent mes bords
de mousse pubienne ;
Et fay, surtout, qu'un bouquet empourpré
S'effeuille chaque mois en ma tendre fontaine !

SONNET

POUR

LE CLYSTERE

IEL ! que je suis heureux
au service du Cu !
Aussi point de subject
à son Roy plus fidelle :
Quand voyage Philis, son coffre me recelle,
Je precede au Lever l'Amant et le Cocu.

C'est que le petit Trou (soyez-en convaincu)
A plus d'attraits, cent fois, qu'un conin de pucelle,
Qui semble aupres de luy quelque vaste escarcelle,
Bien qu'il n'y tienne pas la moitié d'un escu.

Si tu veux conserver tes galands ou ton maistre
Et veux te les lier comme l'hierre au hestre,
Sçache que par le Cu l'on s'attache le Cœur ;

Et toy, jeune Garçon, fils à la belle Fesse,
Livre-la quelquefois à MONSIEUR LE RECTEUR :
C'est ainsi que l'Enfance honore la Vieillesse,

SONNET

POUR

LA BOISTE
DU GODEMICHY

(C'EST LA BOISTE QUI PARLE)

A LLEZ, œil de Vautour
      et belliques moustaches,
        Matamore aviné
           fleurant l'escafignon,
Qui faites belle jambe, un poing sur le roignon,
Qui traitez les tetins en fausseur de rondaches !

Allez, fin Prestolet, parfumé de pistaches,
Bailleur de petite-oye, et petit compaignon ;
Vous, crane de Pedant, chauve comme un ongnon ;
Vous, Rimeurs en lambeaux, tout gastez par les taches !

Allez offrir ailleurs vos appas rebuttez,
Vostre amour malhonneste et vos civilitez :
De vos pretentions s'offusque ma Maistresse.

Je le sçay, car, souvent, apres vostre depart,
De moy, discrette Boiste, elle tire un *poignart,*
Et s'en fiert un grand coup, telle une autre Lucrece !

POUR

LA PORTE

D'UNE ÉGLISE

IGNE-TOY, Libertin,
    qui visites ce lieu,
    Et banny de ton cœur
    tout désir criminel :
L'abondance du Sexe en la Maison de Dieu
Ne t'autorise point à te croire au Bordel !

RONDEAU

POUR UNE

RICHE INTENDANTE

QUI PAYOIT SES AMANS

IEN fait, j'aspire à l'honneur
De m'enroller sous vos Charmes,
Et de presenter les armes
A vostre amoureuse ardeur.

Vous direz d'un tel Vainqueur
Que mourir sous sa vigueur
    Bien fait.

J'intumesce comme un Teur,
Qui pour quester devient Carme :
De la Mense d'un Prieur
Recompensez le vacarme,
Qui heurte au guichet d'un cœur
    Bien fait.

PLACET

I ma jeunesse vous servit,
MUSES ! payez ses arrerages,
Afin qu'en ville il ne soit dit
Que vous laissez perir vos **Pages**

Je n'ay gueres que trente sous,
Voire mes chausses ont des trous
Où mes fesses sont apparentes :

Ma livrée au moins reparez !
Mais vous estes Femmes Sçavantes,
Et l'esguille vous ne tirez.

SONNET

OU L'AUTHEUR

ENTRANT DANS LA
VIEILLESSE DIT ADIEU
A L'AGE MEUR

DIEU, visage de l'Automne,
Comme la Lune grave et doux ;
Adieu, beau chef aux cheveux roux,
Dont le vent pille la couronne !

Apres toy, Flore, adieu Pomone,
Ma Saison est celle des houx !
Phillis, j'ay l'aage des grigoux :
Adieu, Phillis, adieu, friponne !

LOUVIGNÉ ne regrette rien,
Ny le plaisir Venerien,
Ny la Gloire, ny la Bouteille ;

Et, demain, au gré d'Atropos,
Il paroistroit devant Minos
Avecq' le chapeau sur l'oreille.

EPITAPHE
D'UN LIBERTIN

SONNET

ASSANT, je fus pecheur
et mon voisin preudhomme.
Nous voicy pourissans
chascun en mesme lieu ;
Luy comptoit panader au Louvre de son Dieu :
Qui de nous aujourd'huy est meilleur gentilhomme !

Vingt fois à Compostelle et trente fois à Rome,
Piés deschaux il alla, barbe rase et cheveu ;
Avec bouttons de Naple et croustes de galeu,
Je fus trois mille fois de Gomorrhe à Sodome.

Si je suis impuni, luy n'est point guerdonné ;
Et rouge, et vert, et bleu, tel esmail cloisonné,
Comme de son vivant il est plein de vermine :

Fay donc ce que voudras, sans faincte ny remords,
Et, gardant de venir trop jeune chez les Morts,
Va, peche, va, joüiy ! C'est tout, Passant, chemine !

TABLE DES POÉSIES